Este libro pertenece a:

¡Te damos la bienvenida a tu libro de Mandalas con Madre!

Los mandalas sirven para relajarte y despejar la mente.

Las groserias tienen un efecto relajante enorme, si estas enojado, una buena palabrota puede hacer descansar el alma.

Por eso en este libro mezclamos las dos formas de darle paz al corazón.

En México la madre es sagrada, no hay nada más importante que la madre.

Por lo mismo no hay nada que sea más utilizado para ofender que esa misma palabra, su versatilidad hace que se utilice para todo tipo de ofensas.

En este tomo de Mandalas Groseros exploramos las distintas formas de utilizar la palabra madre para todo tipo de situaciones, aunque no acabariamos si intentamos usar todos sus significados seleccionamos 55 distintos usos y los incluimos con mandalas abstractos para que puedas dibujarlos mientras te diviertes con cada significado.

No lo pienses más y disfruta, quiza encuentres un significado que no conocias o una nueva forma de usar la palabra. O si no esta la que buscabas puedes recomendarnos para hacerla.

En cada página podrás ver un ejemplo de la palabra "madre" y su significado, el cual puede ser tan diferente que sea el opuesto al anterior dependiendo del contexto.

Olvidate del estrés y diviertete dibujando mientras le dedicas el mandala a algún conocido que se la merezca.

Deja que tu creatividad se desborde mientras eliges tus colores favoritos y das vida a todos estos diseños peculiares y divertidos, así como darte oportunidad de brindarte una sensación de relajación y calma.

A medida que te sumerjas en el proceso de colorear, te alejarás del estrés y las preocupaciones diarias, a la vez que te desahogas mientras disfrutas pensando en a quien va dirigida la palabra del mandala.

¡Disfruta de este viaje único y descubre la magia que surge cuando el arte y la insolencia se unen!

Aquí tienes algunas instrucciones básicas para empezar a colorear tus mandalas:

Elige tus materiales: Reúne tus lápices de colores, rotuladores, crayones o acuarelas. Asegúra-te de tener una amplia variedad de colores.

Observa el diseño: Antes de comenzar a colorear, presta atención a los diferentes patrones,formas y detalles que lo componen. Esto te ayudará a decidir qué colores y técnicas utilizar encada sección.

Elige una paleta de colores: Decide qué paleta de colores quieres utilizar. Puedes optar poruna paleta armoniosa y suave o experimentar con colores vibrantes y contrastantes.

Comienza por el centro: Un enfoque común es comenzar a colorear desde el centro delmandala y trabajar hacia afuera.

Colorea con calma: Toma tu tiempo mientras coloreas cada sección del mandala. Aplica los colores con suavidad y de manera uniforme, prestando atención a los bordes y detalles. Puedes utilizar diferentes técnicas, como trazos suaves, difuminados, degradados o texturas,para agregar interés visual a tu mandala.

Sigue el flujo: A medida que coloreas, déjate guiar por tu intuición y el flujo de energía delmandala. No te preocupes demasiado por seguir reglas, simplemente disfruta del proceso.

Recuerda que no hay reglas, haz las cosas a tu gusto.

Disfruta del resultado: Una vez que hayas terminado, tómate un momento para admirar tuobra de arte. Grita la groseria con ganas ¡Celebra tu creatividad y disfruta del resultado final!

Siéntete libre de experimentar, reir, relajarte y disfrutar del proceso creativo.

¡Diviértete coloreando tus mandalas y deja que tu creatividad brille!

¡Nos gustan tus creaciones!

Y queremos compartirlas

Mándanos tus mandalas coloreados y los
compartiremos con elmundo

Mándanos también tus comentarios, sugerencias y
críticas.

@mandalasgroseros

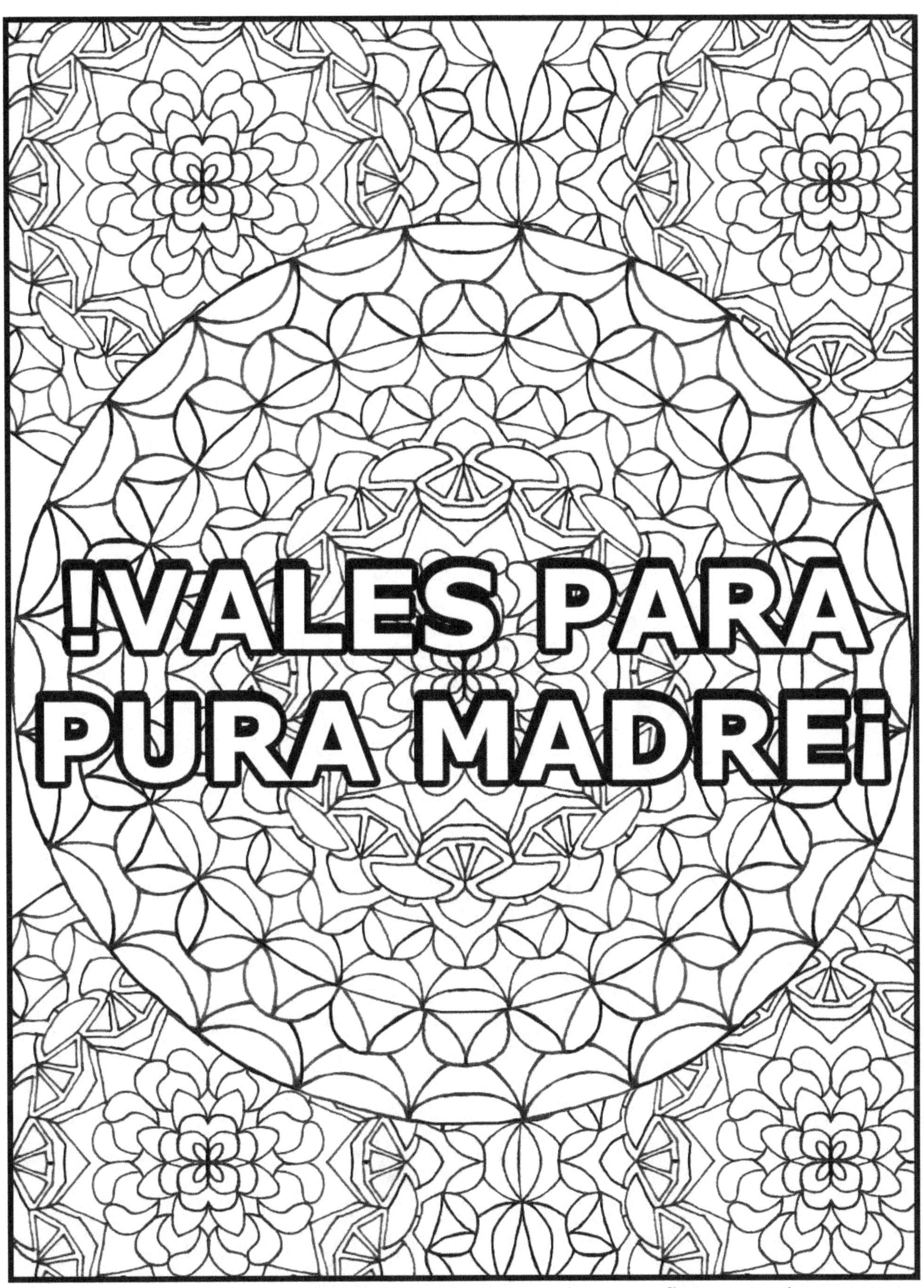

Aunque litermalmente habla de algo de poco valor, se refiere a que la persona no puede hacer nada bien.

Es demasiado bueno, lo mejor.

Esto es muy divertido, es muy bueno

Esta muy bien, es genial.

Expresión de sorpresa, pero agradable, como cuando ves el juguete que has querido por años y lo puedes conseguir.

Muy borracho, drogado o ambos.

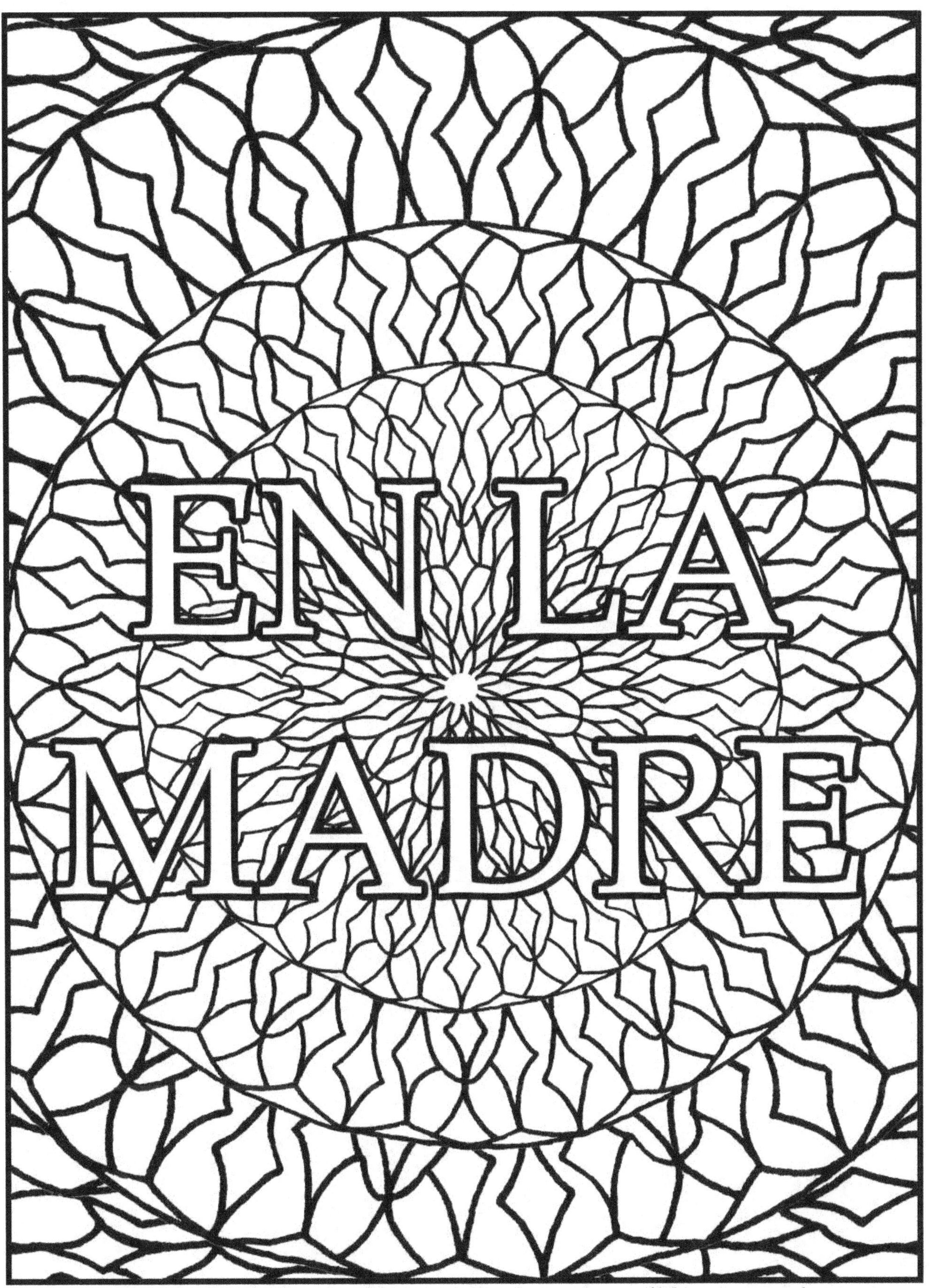

Expresión de frustración, cuando algo sale terriblemente mal.

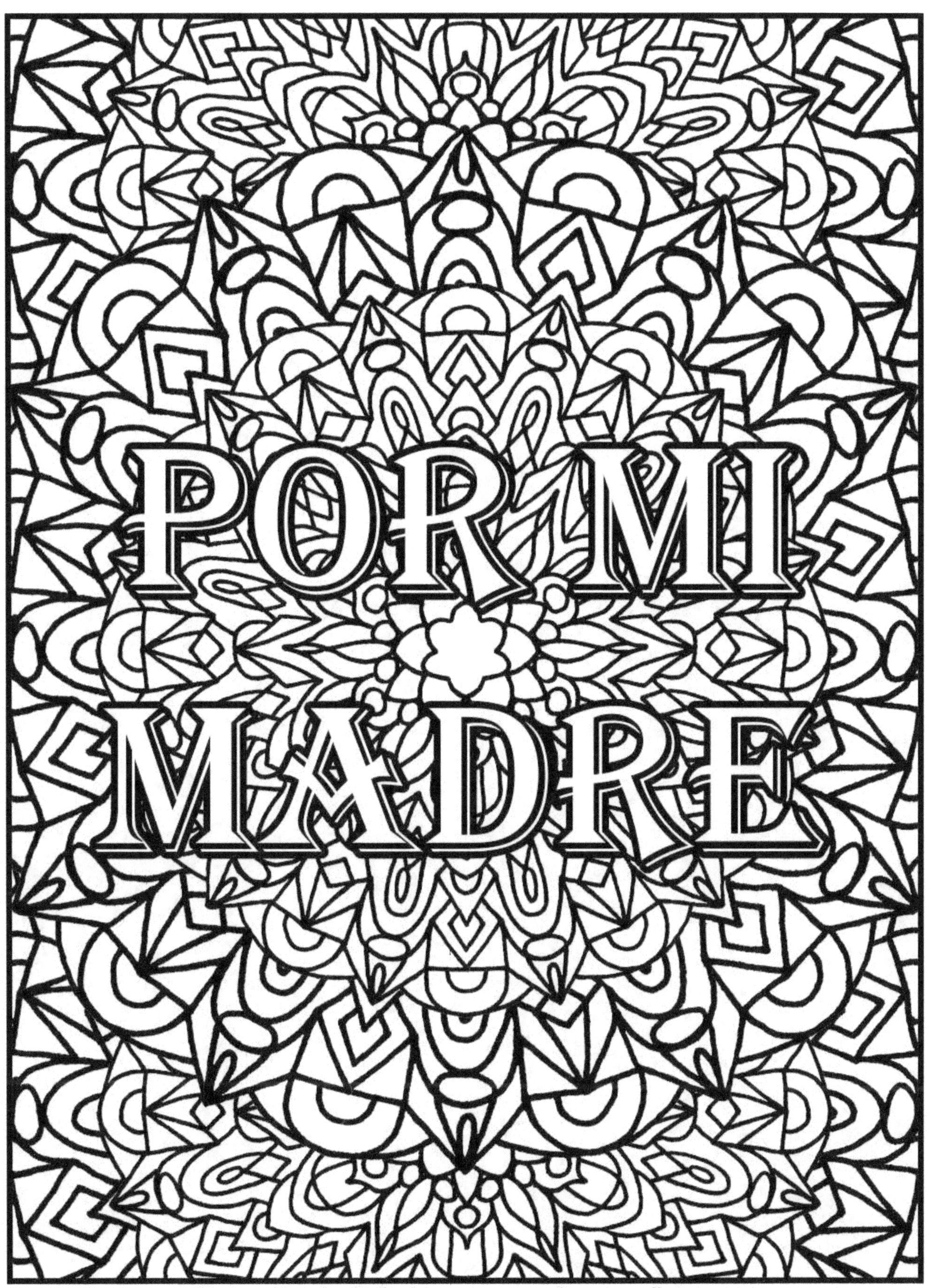

Expresión de énfasis, asegurar algo con firmeza.

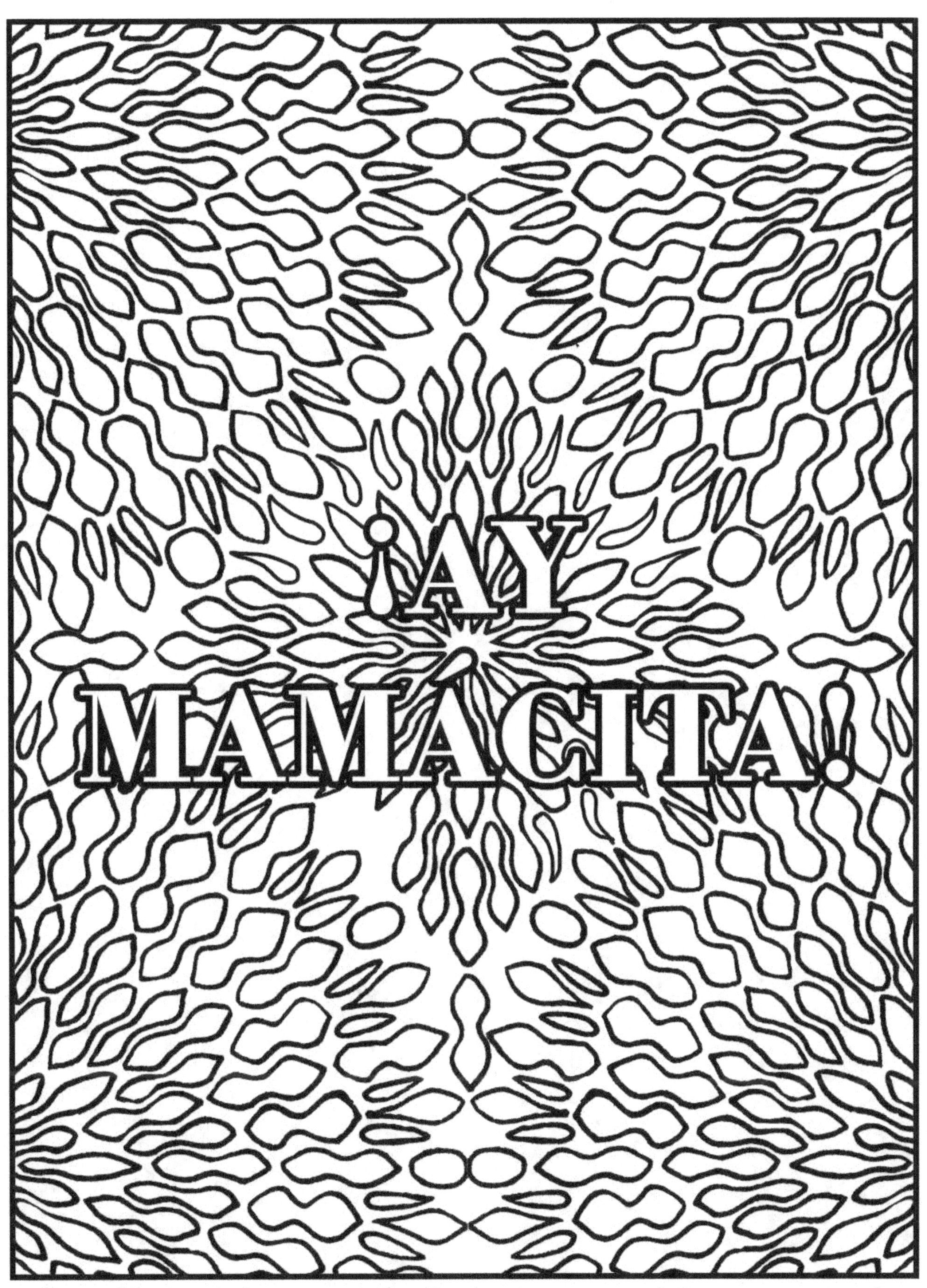

Expresión de miedo, como si al enfrentarse a un gran pánico uno recurre a lo conocido y seguro, la madre.

Una gran sorpresa. Modificación de ¡Ah su madre!

Me molesta mucho, me hace sentir muy mal.

Va muy rápido, peligrosamente.

Un trabajo, una encomienda cualquiera, usualmente algo desagradable.

Muy poquito, insuficiente, tan poco que da risa.

Esta saturado, por encima de su capacidad, esta llenisimo.

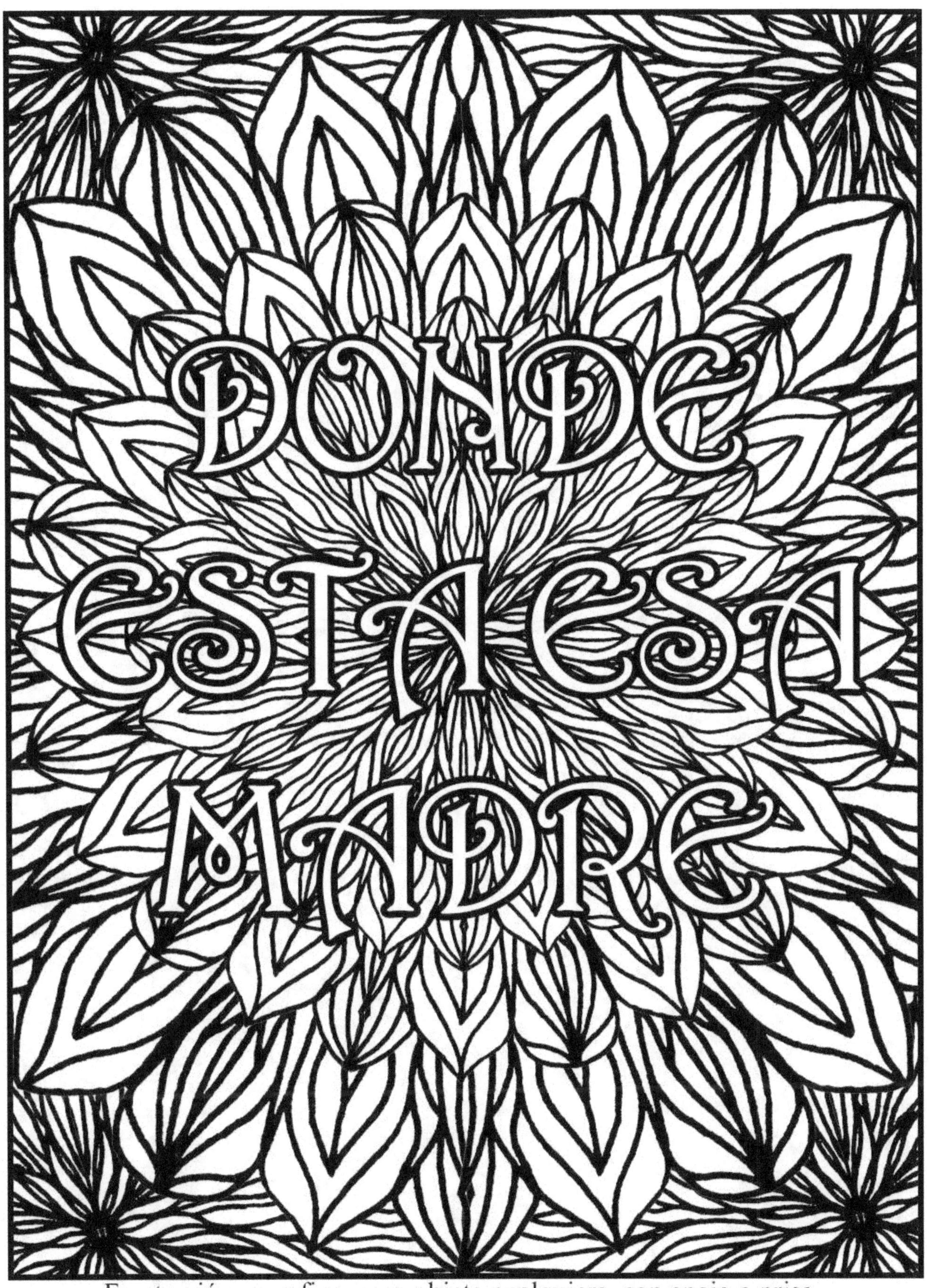

Frustración, se refiere a un objeto cualquiera, con enojo o prisa.

Tambien aplica para olor, sabor fétido, horrible.

Esta demasiado retirado. Excesivamente.

La palabra da énfasis, sin un significado particular, la pregunta sin la palabra es la misma.

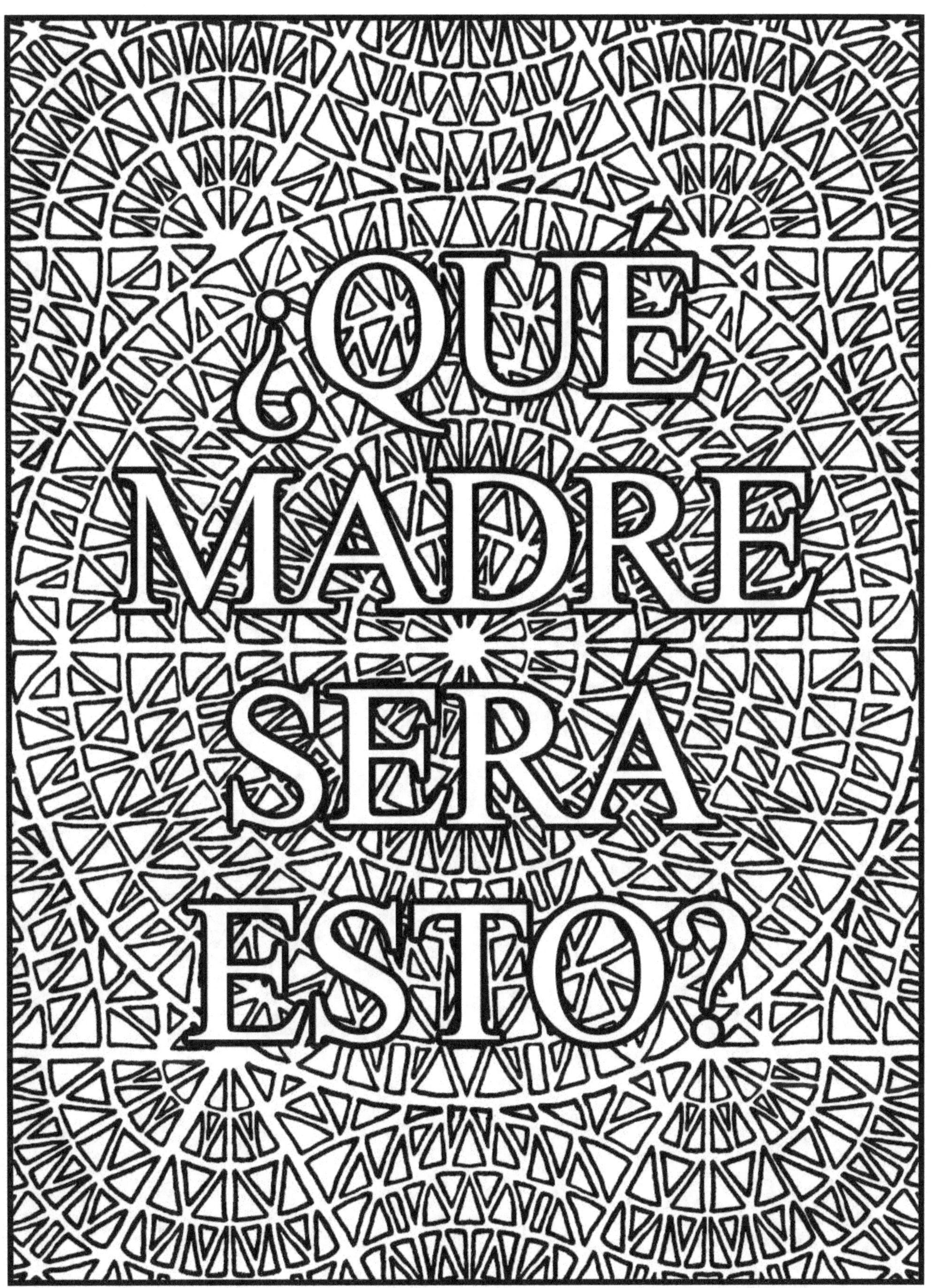

Objeto desconocido, no ataca al objeto sino a que es desconocido o a que no esta donde debería estar.

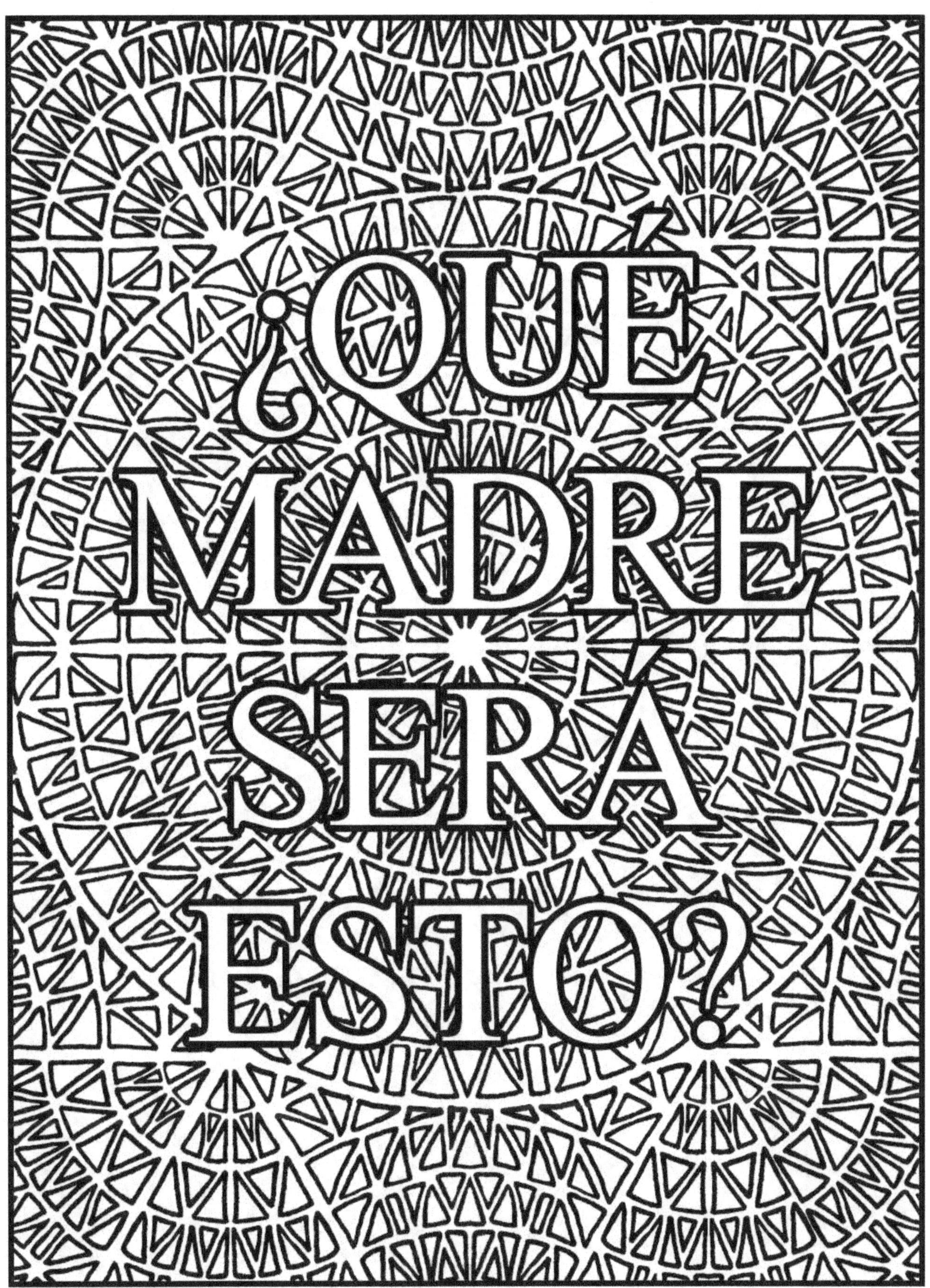

Objeto desconocido, no ataca al objeto sino a que es desconocido o a que no esta donde debería estar.

Vamos a darle una golpiza. Sinónimos: Partir la madre, romper la madre.

Sorpresa leve, a veces se usa antes de decir algo interesante: Les tengo un chisme que... su pinchi madre...

Promesa de alto valor, se jura sobre lo más valioso.

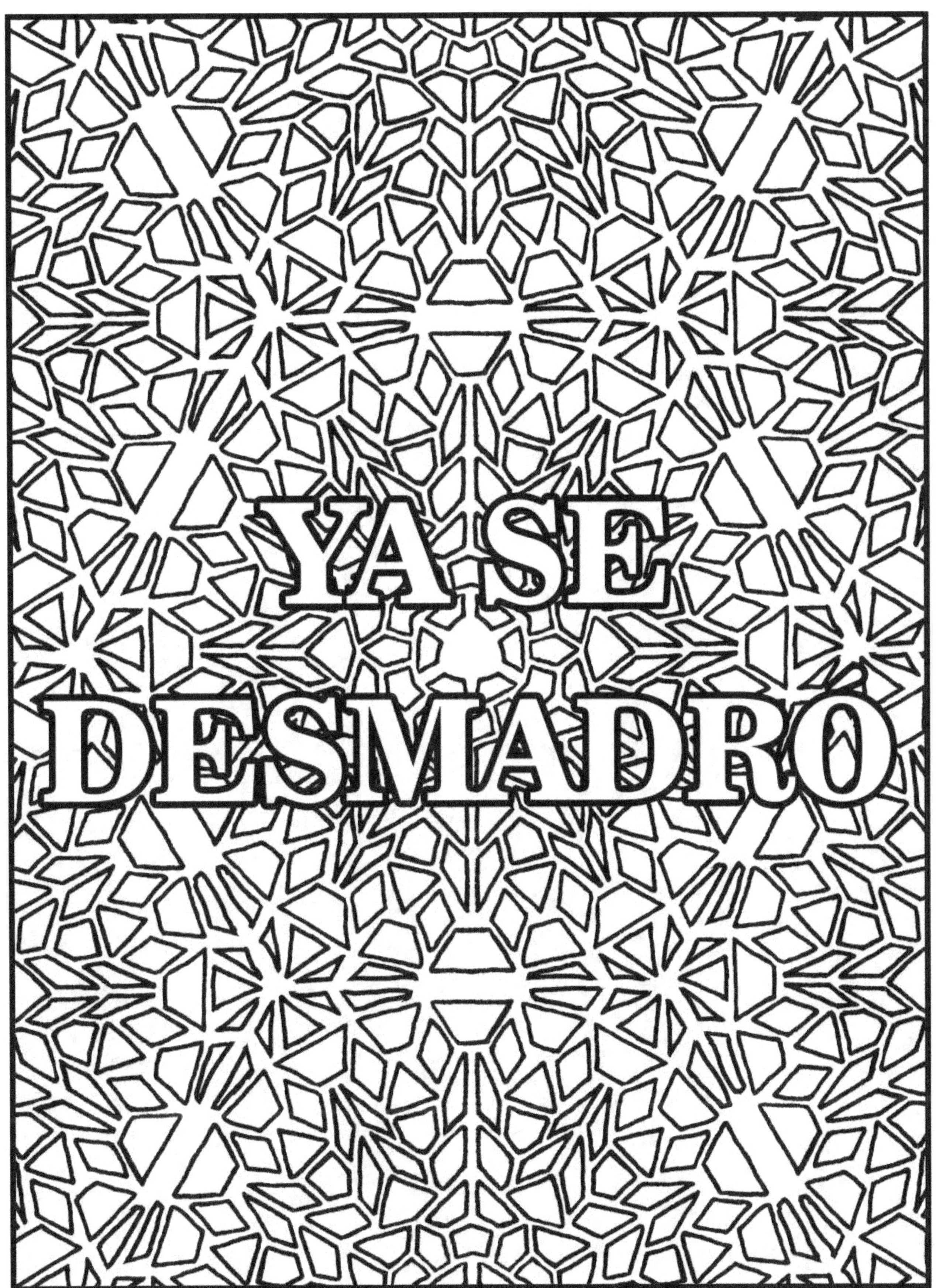

Se descompuso, se salió de control, ya no sirve.

Mucho desorden, relajo, puede ser negativo, que desmadre de habitación tienes, o positivo que desmadre de fiesta.

No te creo nada, ni un poquito, es absurdo.

Se daño a si mismo, usualmente al hacer algo de manera imprudente.

Uno trabajando muy duro, hasta el cansancio o incluso lesionandose.

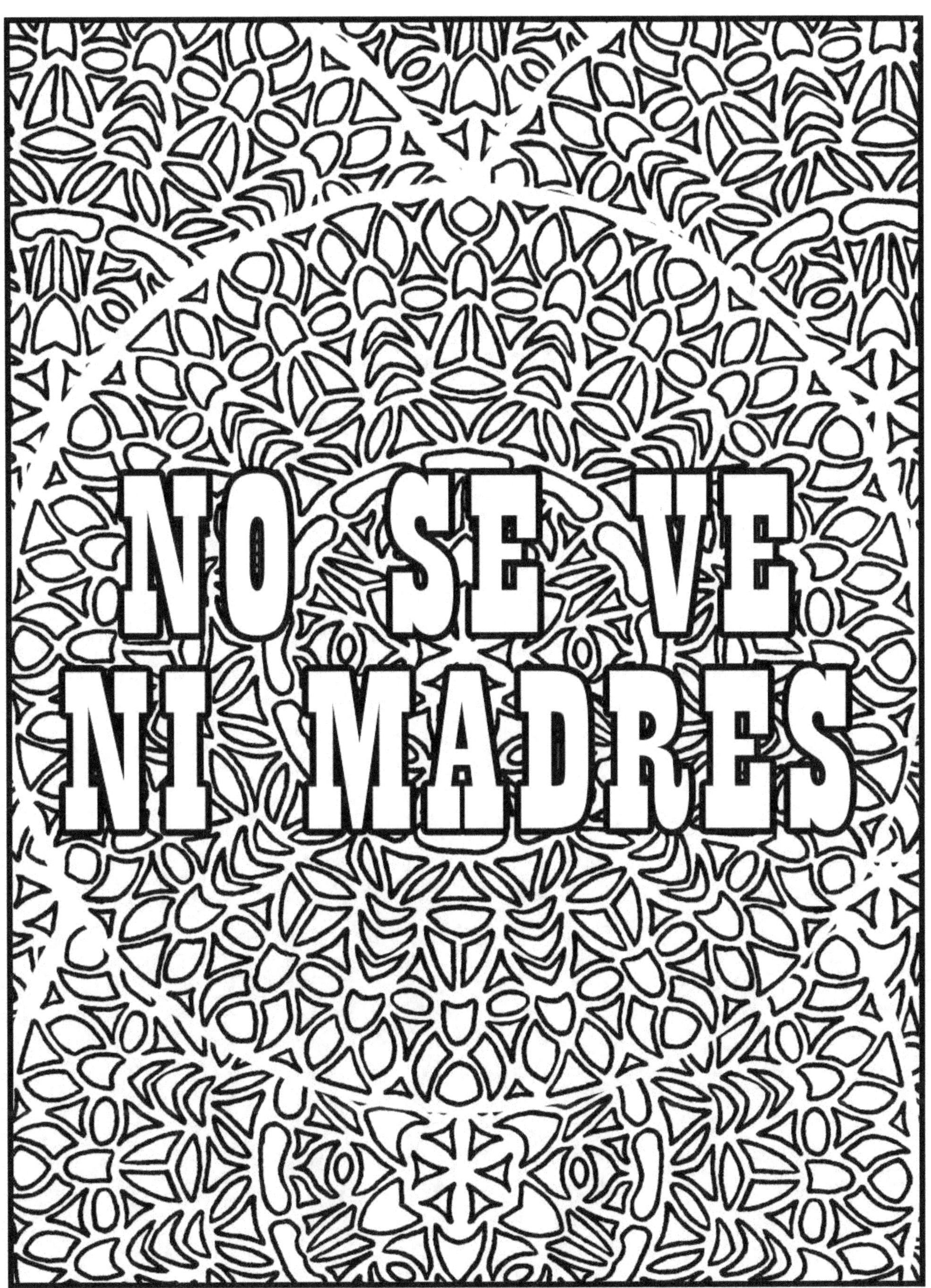

No se ve nada, negación absoluta.

No me importa, no es reelevante, usualmente dicho poralguien que si le importa
pero no quiere admitirlo.

Una ofensa fuerte, con coraje, lo peor, reservada a momentos de emociones fuertes.

No tienes vergüenza, haces las cosas sin importar las consecuencias, no te educaron.

Expresión de desagrado ante una acción hostil, peligrosa o inconsciente. ¿Te fue infiel? ¡Qué poca madre!

Eufemismo para referirse a una mujer pequeña o anciana.

Es muchisimo, en una cantidad exhorbitante.

Algo de gran tamaño o con un gran impacto.

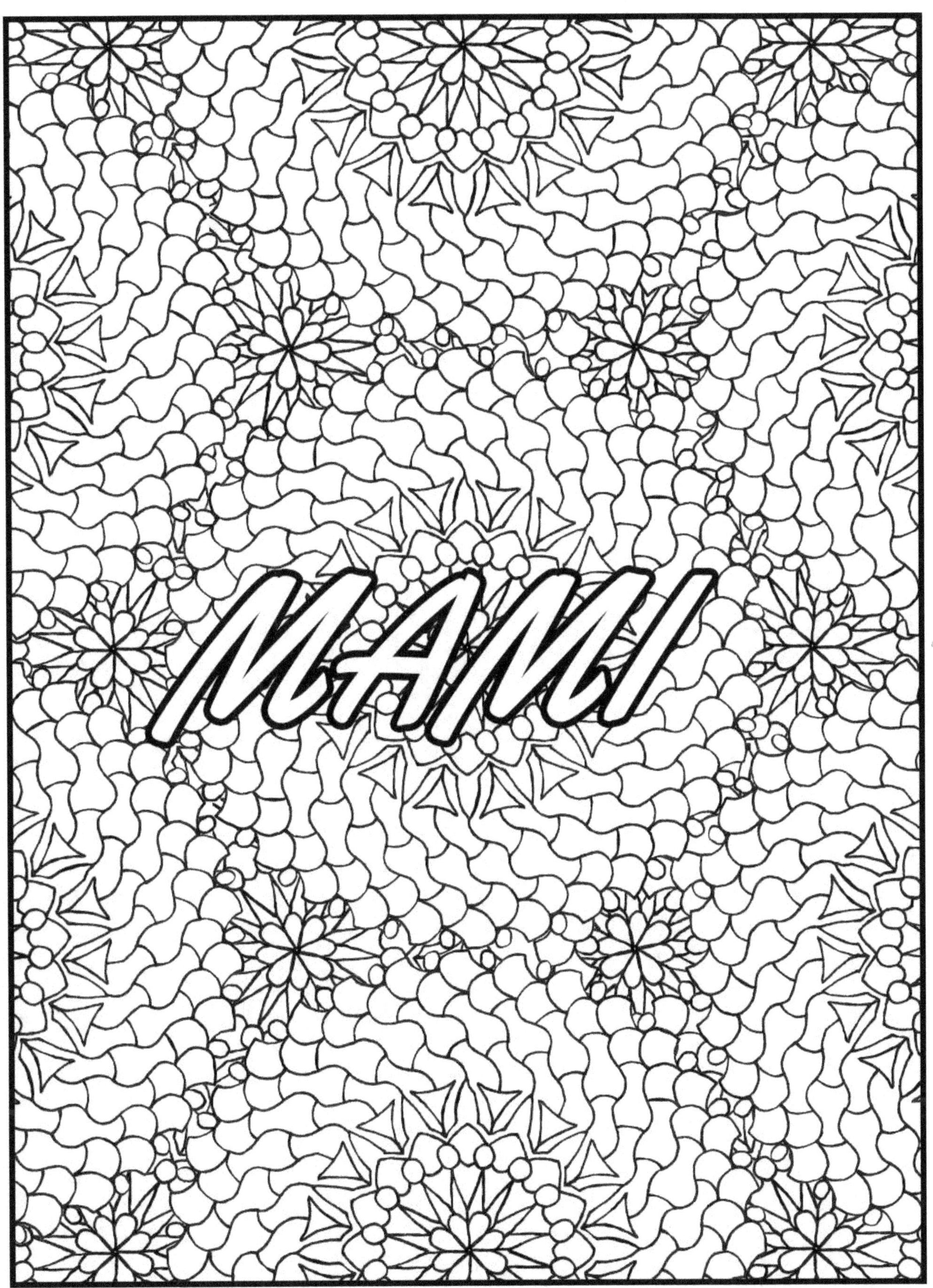

Mujer hermosa, también es una expresión de miedo cuando algo malo esta por suceder.

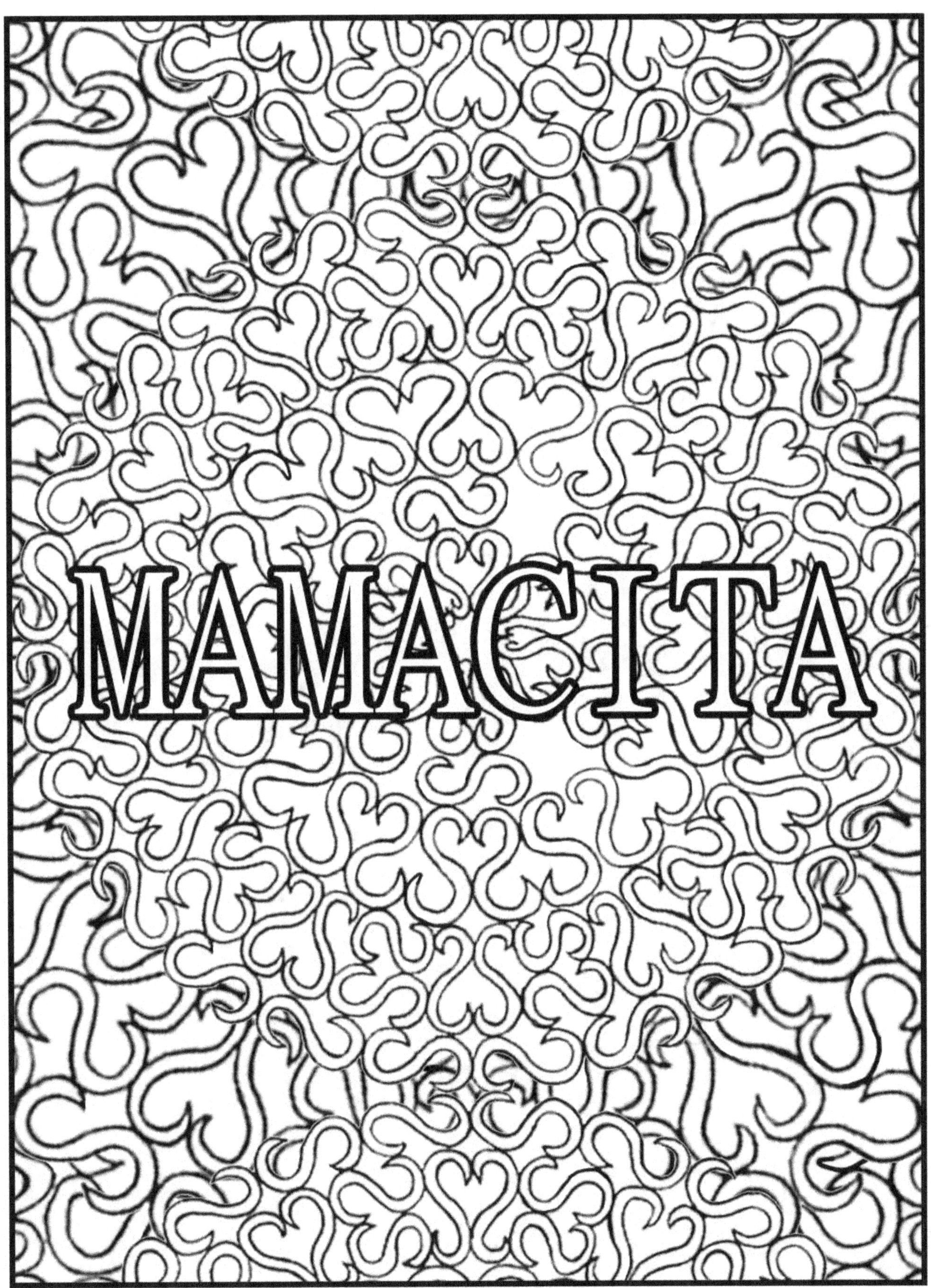

Mujer hermosa.

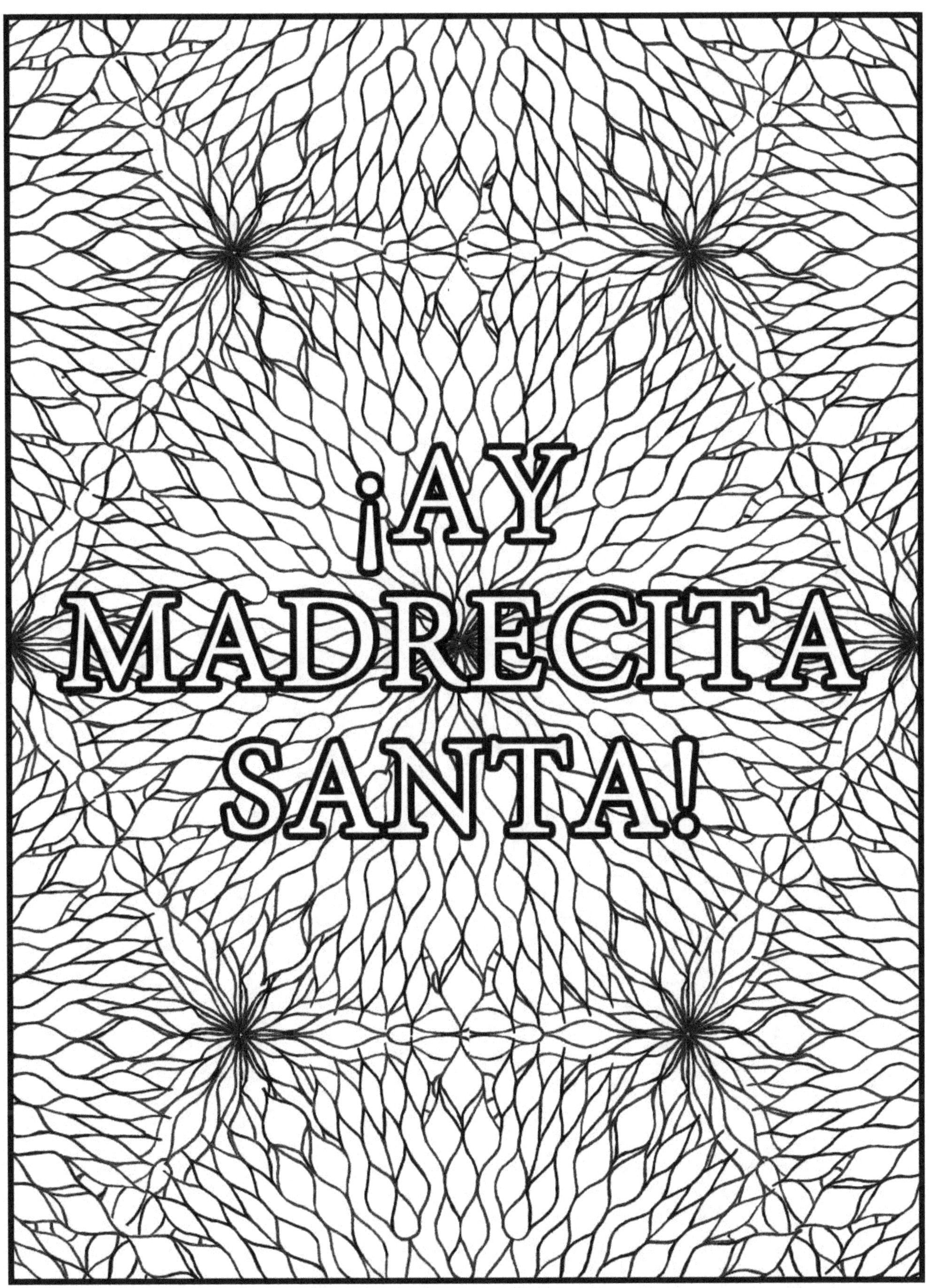

Expresión ante algo que da mucho miedo o angustia.
Como invocando la protección de lo más seguro y sagrado.

Es un pequeño, insignificante, nada a tomar en cuenta.

Golpe enorme, muy fuerte.

Expresión de sorpresa. Mira como corre, ¡Madres! Ya se cayó.

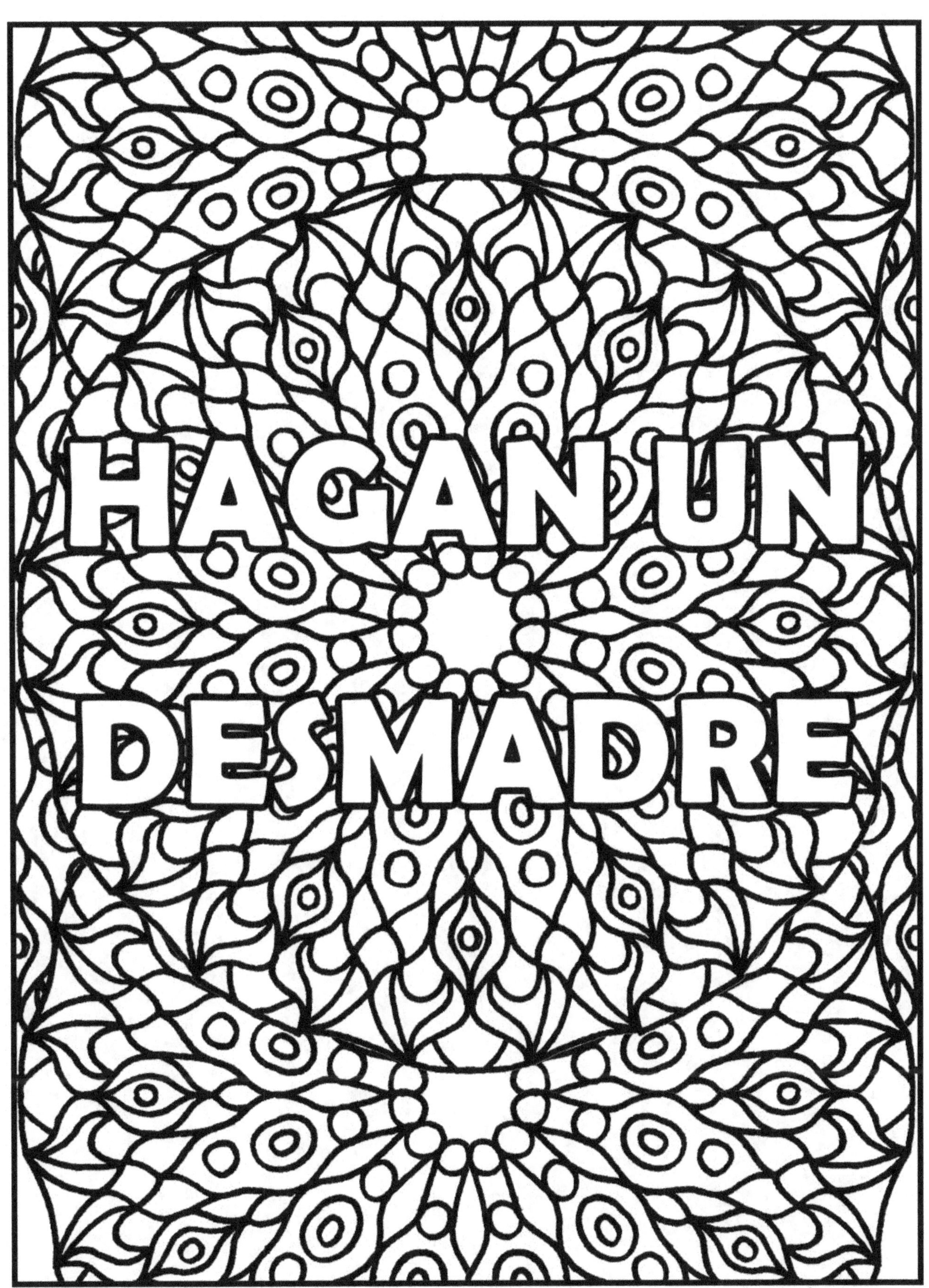

Provoquen caos, desorden, por ejemplo una porra en un evento deportivo o una manifestación tratando de llamar la atención.

Se lastimó de forma importante, ya sea intencional o accidentalmente.

Es muchísimo, es tanto que parece inabarcable.

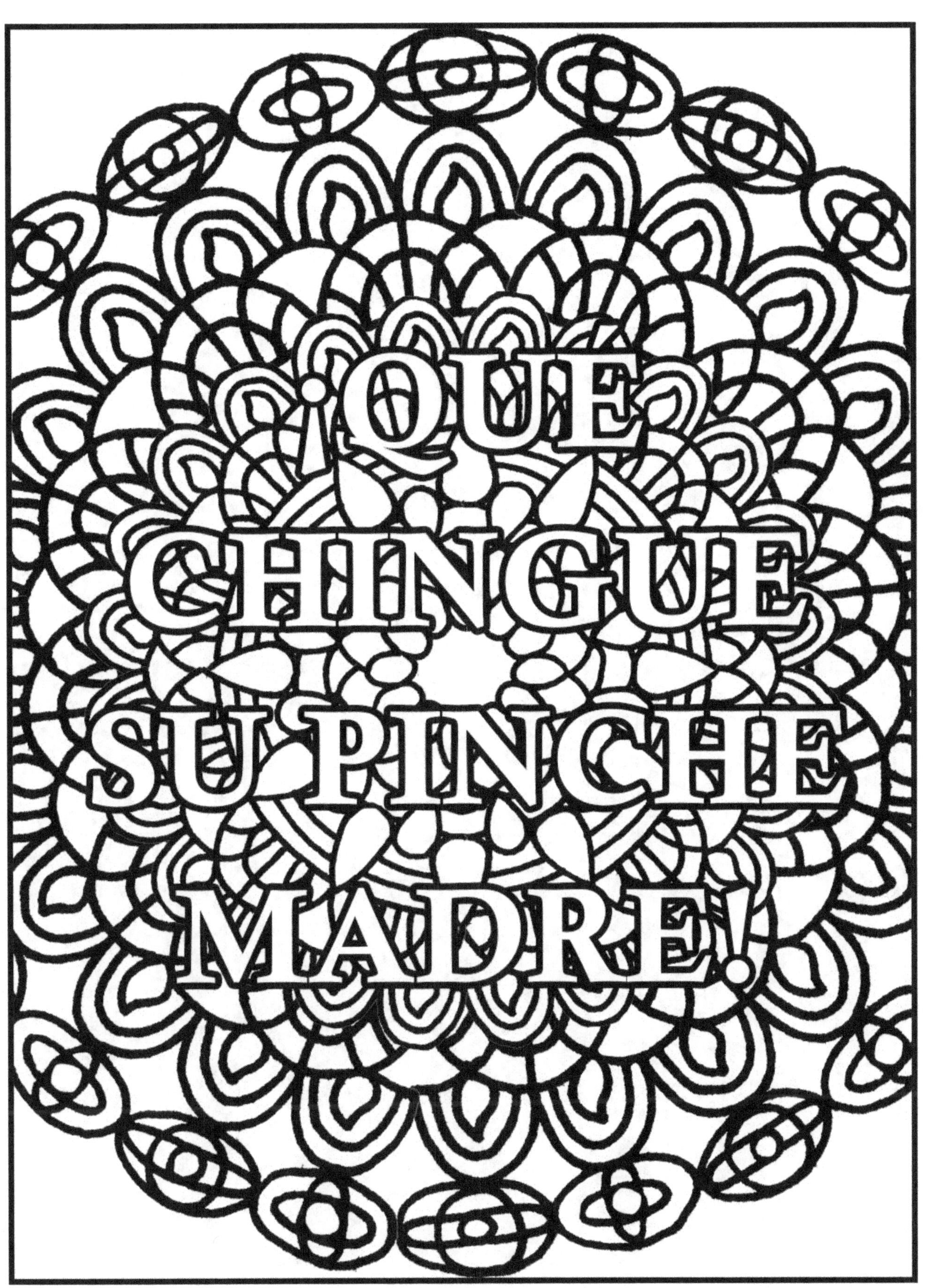

Que joda a su madre, la peor grosería que pueda decirse pues implica profanar lo más sagrado.

Se perdió el control, ya no esta en orden, todo lo que podía salir mal, salió mal.

A fin de cuentas, con énfasis en que es lo último, sin derecho a réplica.

¿Es cierto lo que dices? Se usa para cuestionar una afirmación irreal o absurda.

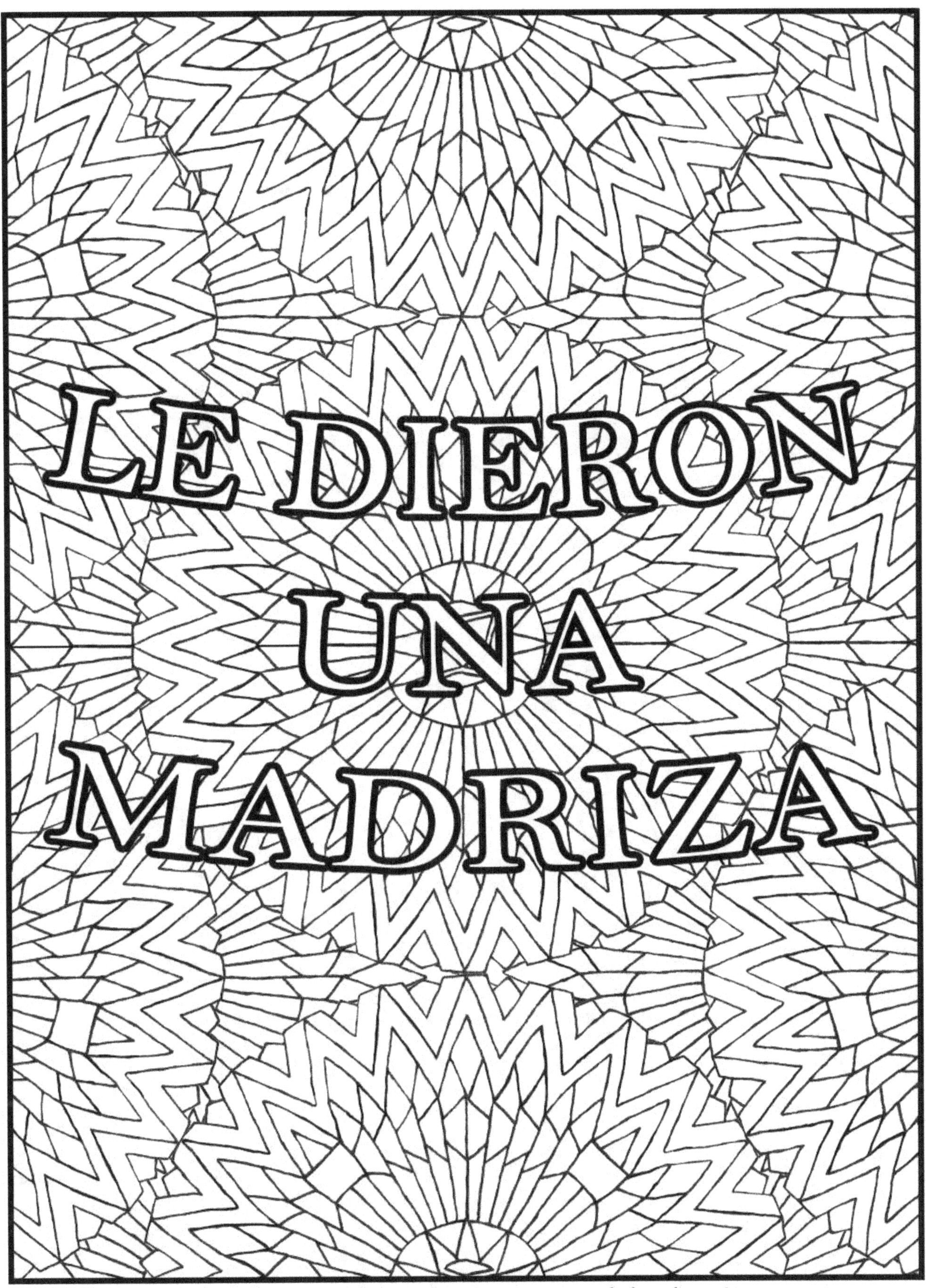

Recibió una golpiza, le pegaron con dolo, de más.

En lo absoluto, para nada, ni en las peores circunstancias.

Un golpe muy fuerte.

Estoy harto, ya me cansé ya sea emocional o físicamente.

Ya se descompuso, ya no funciona, ya se terminó.

Esto se terminó, es el fin, ya vayanse.

GRACIAS